schwarzweise

www.martinwessely.com

schwarzweise

Martin Wessely

30g funktionelle Allzwecklyrik und Kurzprosa für Unternehmer und von Unternehmen Betroffene, ge- und enttäuschte Bürger aller Art, Suchende, Finden-Wollende und allgemein Leidensbereite. Weitere mögliche Anwendungsbereiche: Gäste-WC, Wartezeit vor Besteigung einer von Elon Musk finanzierten Arche, künstliche Intelligenz im Rahmen eines vorgetäuschten Turing-Tests zum Absturz bringen. Ausgewählt nach des Autors Gutdünken. Sehr durchsichtig, klebt nur teilweise, fusselt nicht, enthält Geschmacklosigkeitsverstärker und auch sonst alles. Außer Weichmacher.

Bibliografische Information der Deutschen Nationalbibliothek:
Die Deutsche Nationalbibliothek verzeichnet diese Publikation in
der Deutschen Nationalbibliografie; detaillierte bibliografische
Daten sind im Internet über http://dnb.dnb.de abrufbar.

© 2016 Martin Wessely, r2

Herstellung und Verlag:
BoD – Books on Demand, Norderstedt

ISBN: 978-3-7431-5913-6

1. Leichtigkeiten

(Raum für eigene Notizen)

Abwägungen

Ängste wegsaufen
ist schlecht
für die Leber.
Immer weglaufen
ist schlecht
für den Leber.

Der Hase schreibt
ein Gedicht
am Denkmal
des toten Löwen:
»Du warst so mutig,
doch dein Ende
war blutig.«

Leichter Kreis

Angehimmelter Regen
fällt weicher auf
bewunderte Blume
leuchtet satter für
aufgeregte Biene
süßt köstlicher dem
Gärtner das Mahl,
der ein Lied pfeift,
während es ihm munter
von der Krempe tropft.

Vernissage

Ein Wissenschaftler referiert
pausenlos und ungeniert.
Gebildet ist er allzu sehr,
folgen kann da keiner mehr.

Man bat ihn um ein kurzes Wort,
doch trägt die Leidenschaft ihn fort,
es geht um Freud, Homer und Hegel,
da dösen nicht nur Kind und Kegel.

Die Vernissage ist längst vorüber,
noch immer schäumt der Meister über.
Dass er zu leeren Rängen spricht,
kümmert den Gelehrten nicht.

Es ist nichts Neues für den Mann,
dass ihm keiner folgen kann.
Allein fühlt er sich deshalb nicht,
solange Kant nur zu ihm spricht.

Am Morgen

Die Bauarbeiter nerven,
was kann ich nach ihnen werfen?
Der Lärm hat sie auch laut gemacht,
ich hingegen mag es sacht.

Doch dann gibt's kein Haus,
so sieht das aus.
Willst du ein Dach,
macht das halt Krach.

C-Dur Präludium

Mag mancher
das Ohr rümpfen,
du billiges Stück,
doch wie viele
hast du berührt.

Am Ende
und lange danach
kündest vielleicht
du allein von uns
und plätscherst in das,
was wir Ohren nannten.

Der Kaiser von China

Man muss die Natur des Menschen kennen,
sagte der Kaiser, dem sich bis auf hundert
Schritte niemand nähern durfte. Sein Gast
Marco Müller, den einst namenlose Fremde
vor jugendlichen U-Bahn-Schlägern gerettet
hatten, ließ dies unkommentiert.

Dichterneid

Die Tante hat zur Hochzeit gereimt.
Die Worte werden hergenommen
wie die Nichten und Neffen,
werden gepackt
und in Form gequetscht.
Keine zehn Euro werden zugesteckt.
Der Vortrag will kein Ende nehmen,
die Bühne wird nicht leichtfertig geräumt,
gute Absichten umzäunen
die engagierte Sprecherin.
Die Beglückten staunen lautlos,
kratzen Lobeshymnen zusammen
auf das so lang verborgene Talent.
In der Ecke hält ein Konkurrent
sich das blutende Ohr.
Er schweigt an ihrer Stelle,
denn spräche er das Grauen aus,
würden alle meinen
lern du erstmal reimen.

Sommerabend, natürlich

Die Frucht der Pampa
heiß gezwiebelt,
die edle Traube aufgehebelt,
geploppter Korken rahmt
sahnig dunkelrot, was die
Pfanne salzig umkörnt,
Pimientos leuchten
weißem Brot
den röstigen Weg.
Mir ist nicht klar,
wie Crystal Meth
das toppen soll.

Exotischer Nager

Zugwind zieht den Rauch mit.
Licht im rasenden Laub,
blendet mir Flüchtiges ein.
Wortschmetterlinge enteilen,
während ich den Gurt löse,
der mich an die Erde bindet.
Heute ist die Bar umsonst,
morgen der Stadtschreiber
hinter den sieben Bergen.
Mildes Lächeln nennt
mich Traumtänzer,
doch erreichen mich
dieselben Briefe.
Mühsam nährt sich
das Schreibhörnchen.

Dichterduell

Na?
Wieder was aufs Blättchen geferkelt?
Kommentiert der kritische Oldskooler.

Dein Reim ist mir zu eng.
Weiche, Unhold!
Peng.

Fool on the hill

Von mir zutiefst gerührt
sitze ich ergriffen,
grüble über Wesentliches
und nehme einen Schluck
von mir.

Andere Getränke
bekommen mir nicht mehr,
seit ich hier oben bin.

Gericht

Ich bereite mir
eine Suppe zu,
aus rücksichtslosen
Menschen.

Sie schmeckt
ein bisschen bitter,
aber dafür ist viel
Fleisch drin.

Pendel

Gerade
in der Kurve
zählt die Haltung.
Sicher denkt,
wer dies bezweifelt,
einfach
zu kompliziert.

Manöver

Da kommt Peter
mit trübem Blick,
dort Mehmet
mit den Freunden.
Ich komme auch
mit Umweg ans Ziel.
Wir alle schlagen Haken.

Kein Foto

Du bist so schön
an entlegenen Orten.
Bereise mit mir
die Provinz.

Magerfeld.
Klumweg.
Kommheim.

Dort wollen sie
dich kennenlernen.

Im Foyer des Asbestturms

Guten Tag,
sagt die Fliege zur Kollegin.
Haben sie auch diese
Kopfschmerzen?

Es ist Glas,
verstehen Sie denn nicht?
Nicht nichts.

Das gehört da nicht hin.
Wie so Vieles ist es
am falschen Platz.

Das mag stimmen,
aber nutzen Sie doch
lieber ihren Tag.

Wischdenken –
Träume einer Putzfrau
(Dialog)

Wie gern
säße ich
auf einem
so hohen Ross
wie Sie.

Wenigstens
haben Sie es
schön sauber
dort unten.

Unter der Pappelfeige*

Alles ist eins, ich mit dem Kaktus,
dem Baum, der Schlange, und
schlimmer noch: dem Nachbarn.
Festhalten soll ich nicht, denn
nichts wird halten und am Ende
ist da wieder nichts.
Fege den Hof, sagt der Meister
Schlawiner und läuft hinter mir
mit der Schale von Nüssen.
Auf der Durchreise sehen wir
uns um im Wartesaal,
lesen in unserem Kaffee
aus dem Pappbecher.
Sind wir Gefäß, werden
wir sinnlos getrunken?

Ich verschiebe das Thema
und hänge für den Moment
eine Postkarte vom Himmel
an den Kühlschrank.

---

* lt. Überlieferung erlebte Siddhartha Gautama dort sitzend das »Erwachen«

Innere Urnruhe

Am Anfang war
alles kathologisch,
trocken Brot.
Dann nashramte ich
und fand mich
exotisch in Sekten.
Kaum war ich die
Hämorrhoiden los,
entdeckte ich ein
Diakonissennest
unter dem Dach.
Erkenntnis wies
ins Grüne, im Gras
war süßer Apfelfall.

Brotjob Generali[*]

Im Innenhof
der Versicherung
sitzt ein kleines
Dichterlicht,
doppelt gesichert
und doch besorgt,
trinkt Kaffee, sieht
einem Käfer zu
und denkt an
den alten Franz.

---

[*] i. m. Franz Kafka, dessen erste Berufsstation die »Assicurazioni Generali« in Prag war

Klare Sicht

Vor meinem Fenster
schwebt ein Engel,
lacht der listige
Vorstandsassistent.

Das ist ein Zeitarbeiter
über dem Abgrund
von vier fuffzich,
bemerkt sein Chef,
der einst Kollegen
springen sah.

Laterne

Erleuchtungssäule,
Wortspielfläche,
Zuhörer für
Selbstgespräche,
Schwarzes Brett,
Hundentzücker,
Schwankenstopper,
Winterschmücker.
Abflughilfe,
Aussichtsposten,
Nestgerüst und
Tolpatschpfosten,
Halterung für
Straßenschilder,
manchmal
Bürgermeisterbilder.
Was soll ich
alles sein,
ich steh' hier
nur zum Schein.

Empire

Eines Tages fand ich mich unversehens
als König von England wieder. Wie ich
als Gregor der Verträumte wohlmeinend regierte,
meine zunächst geliebten Untertanen allmählich
zu hassen lernte und schließlich zu dem wurde,
was ich selbst einst bekämpft hatte,
soll Gegenstand einer anderen Erzählung sein.

Jedoch, an jenem Morgen fiel mir erstmals
der Gesang des blauen Vogels auf,
der mich seither mahnend begleitet.

2. Businesslyrik

(Raum für Geschäftsideen. Get rich or die tryin. Startup! Exit-Strategie, yeah! Jung und reich, reich und schön. Reich mir die Plastiktüte. Zur Info: Lyrik definitiv nicht das nächste große Ding. Gedichte-Markt gibt langfristig nach, ganz schwach. Da geht nix.)

Ausgleich

Forsches Entscheiderporschen,
zaghaftes Zaudererpirschen.
Zähneknirschen.

Grinsendes Champagnernippen,
gramgeschürzte Zweiterlippen.
Fingerschnippen.

Beschwerliches Schlafschwelen,
sorgloses Schafzählen.
Schicksal wählen.

Alter Vertriebshase

Bandscheibenschlackern
im schlaffen Silberrücken.
Das ist doch ein alter Hut
auf dem Herrn dort.
Der Senior Account Manager
ist kein Account Manager mehr.
Heute schriebe er selbst seine Briefe.
Heute haben die anderen die Termine.
Wohin mit all der plötzlichen Zeit?
Ich gebe keinen Forecast ab.

Cubicle

Satie beseelt
mit Klavierfingern,
draußen wummert
ein Bass tief unter
lärmenden Spatzen.
Die Kollegin bellt
am Nachbartisch,
doch der Feierabend
spielt schon die Harfe
sündiger Verlockung.
Ich schäme mich still.
Denn statt die Hymne
der Arbeit zu singen,
lass ich nur zum Schein
die Tasten erklingen.

Palmbeach 2000

Heißes Whirlpoolbordeln,
feuchtes Schlampagnerlippen
vielleicht mit Nacktascha,
auf jeden Fall mit Steiffi
und Dumichauchela,
dann Connylingus
bei Analbelle und
Hanutta zum Desiree.
Wär doch gelacht,
wenn Ihr Vertrag heute
nicht zustande käme,
murmelt Lutschia
etwas unverständlich.

Abheben

Rollsroyceruckeln,
Recarorauschen,
Rollwagenrumpeln,
SIM-Karte tauschen.
Plastikwhiskey,
Wolkenwatte,
müdes Blut sinkt
in die Latte,
Stewardessen,
Rockphantasie
Kästchenessen,
Hintermannsknie
und terminfreies
Wochenende. Wo
sind die Freunde?
Lebst du eterna?

Verbandstreffen

Der Vortrag mündet
in die Bar der kleinen Gefälligkeiten.
Eine starke Gemeinschaft
umlagert den Innovator.
Die späte Schulter
schmerzt zur geschlagenen Stunde.
Dem Gewinner wird alles verziehen.
Der Verlust wird erst erkennbar sein,
wenn keine Träne fließt,
beim letzten Geleit.

Senator

Wen liebt deine Tochter?
Was fürchtet dein Sohn?
Wo bist du Zuhause?
Wer erwartet dich?
Wozu Lyrik?
Excel.
Tot.

Rödinghausen-Bruchmühlen, Konkurs_1
(für P.)

Müder Blick auf leere Hallen,
Fremde in deinem Wagen.
Wie damals und ab heute,
bist du einer der Ihren.

Banker steigen aus deinem Geschäft
und beieinander ein,
nehmen sich mit in die Stadt,
teilen Einschätzungen,
teilen Versteigerungserlöse,
teilen deinen Regenschirm,
teilen dir mit, was zu tun ist,
teilen die Erleichterung,
nach den letzten Jahren,
die doch ach so schwierig waren.

Von deinen Tränen irritiert
folgt der Volkszorn
der schwarzen Limousine.
Du steigst auf dein Fahrrad
und fährst in die kleine Pension.

Fusion

Dieser Flur ist noch
von Geistern durchweht.
Der Exorzist macht Klemmbrettnotizen.
Der dünne Investor wird sie loben,
das dicke Kind kennt keine Gnade mehr.
Frischer Wind fegt Haftzettel fort,
die an veraltete Regeln erinnern.
Türschilder verraten Entbehrlichkeiten,
Einsparpotentiale blicken verängstigt
auf die Mundwinkel des Beraters.
Hundert Tonnen wiegt die
Wertschöpfungsmaschine,
hundert Gramm die neuen Strukturen
auf dem USB-Stick mit Schlüsselring.

Zeitarbeit

Katalogbilder versüßen
Jahre in der Fremde.
Lederzähne knirschen
in der Business Class.
Hinter dem Vorhang
klemmt der alte Protest.
Der Unterschied
ist die Mühe wert.
Ungeöffnete Briefe
bedecken die Fußmatte,
home sweet home
ist nicht zu sehen.
Nur Kondensstreifen
zeugen vom Höhenflug.

Industriespion

Konkurrenz prahlt auf der Messe,
Augenringe, Arbeitsblässe,
man war fleißig im Labor
und stellt heute Großes vor.

Du staunst ob der Errungenschaft,
welch unerhörte Schöpfungskraft.
Dein Lob wird gönnerhaft empfangen.
Wie ist es dir zuletzt ergangen?

Geplauder unter Artgenossen,
heute wird nicht scharf geschossen.
Dein Handy ist auch Filmgerät.
Für diese Schau ist es zu spät.

Die Entwicklung sagt »wir können«.
Du legst auf, um zu entspannen.
Beim nächsten Mal, jetzt steht es fest,
ist dein Platz dort auf dem Podest.

Geplant

Forsch fleddern
anzügliche Gewinner
ziellose Streifzüge.
Er bringt nichts,
und es nicht,
so wird es nichts.
Finden sie. Maschine.
Klug schlendernd
verschleudert
der Bummelant
die gewonnene Zeit.
Lässt sich finden.

Wanderarbeiter

Grenzenlose Fahrt,
fremdsprachiger Bus,
grimmige Blicke,
knurrende Nachtlichter.
Ein geteiltes Bett
ist die neue Heimat.
Zwischen den Schichten
wird weiterverarbeitet,
was vom Fließband
in die Zukunft gefallen ist.
Getränke tragen die Sehnsucht
in Strömen nach Hause.

Kleiner Fisch

Ein kleiner Fisch,
schwerelos im Glas.
Ein Lümmel kommt des Weges,
nimmt Maß.
Das war's.

Als Mann wird dem Lümmel
das Haus versteigert,
weil er die Zinszahlung
verweigert.
Dieses nutzt ein Räuber aus,
ein Hai schnappt zu
und denkt an seinen kleinen Bruder.

Das Unternehmen

Kaum machst du was,
steckst den Kopf raus,
da kommen sie,
mit ihren Wörtern
und all dem.
Zack,
hast du einen Namen,
was da dranhängt,
oh boy!
Kannst ziehen,
wie du willst,
reden und wagen,
wiegen und tragen,
rackerst dich ab.
Kannst du,
die wirst du nicht mehr los,
du bist der Zug
nach Uttar Pradesh
hoch im Norden.
Gehört dazu,
mach was.

Ohne Klinke

Wer einmal aus dem Kästchen hüpft,
wer einmal seinen Deckel lüpft,
sich rausstellt und von außen sieht,
wem auffällt, was warum geschieht,
der ahnt, dass es ein Fehler war
dem schwant, der Preis ist hoch und zwar:
Es führt von dort kein Weg zurück,
ab diesem Punkt braucht man viel Glück.
Moral ist toll, doch sättigt nicht
und edler Groll vernebelt schlicht
die Sicht.

So manches enge Kästchen
ist auch ein warmes Nestchen.

Was die anderen sagen

Der Kilometerzähler: zu viel!
Der Vertriebsleiter: zu wenig!
Der Projektleiter: Probleme!
Der Kunde: Betrug!
Die Liebe: schweigt.

Der Personalleiter: letzte Frist!
Der Kollege: mach Platz!
Die Bank: der Ofen muss rauchen!
Der Freund: hör auf!
Die Liebe: schweigt.

Die Kinder: nicht mehr viel.
Der Nachbar: wirf den Grill an!
Der Blick in den Spiegel: genug!
Die Liebe: schweigt, umarmt dich.

Dann geht sie an die
Schlafzimmerkommode
und holt eine Schachtel
mit Lösungen heraus.

3. Amerika

(Raum für Telefonnummern von Callgirls & Callboys)

Florida, Motel 6

Ein Quarter und das Bett vibriert.
Schwüler Gang, dreißig Dollar
die Nacht. Das hier Gesuchte
ist ein Griff in Zigarettenrauch.
Ein Plastikbecher fliegt
über den Strand, vorbei
am Wrack eines weißen Testarossa,
die Jugend ist ernüchtert,
Rentnergolf flimmert am Horizont,
duldsame Weite prüft die Reisenden
unter wildem Adjektivhimmel.
Morgens runter nach Key West
im Oldsmobile,
zur Bar der späten Einsicht.
Dehnungsfugen
machen Asphalt flexibel.

Rodeo Drive

Schallend benommen
kam sie deines Weges.
Mag sie weg sein,
das Es was euch verband,
an jenem Strand,
was bedeutete das bloß,
lass los, no meaning.
Suche nach Rat im Moment
vergeblich, die Hand in Zement,
Interesse flackert, erfasst
ein Gesicht am Hotelfenster
in Leuchtreklamefarben,
doch die Gemeinde
putzt die Sterne.

Among the stars

Links und rechts von mir
Justin 1 und 2,
singend, tanzend,
Staub im Scheinwerferkegel.
Flachmann. Dann
Philosophie, Hawking
dreht Kreise um uns,
eine Zeit
lang ist es genug.

Wir steigen wieder ein,
zurück in die Stadt.
Ich verweile noch
einen Moment,
einen Augenblick, ach.
Siehst du mich,
alter Freund, siehst du?
Zigarettenflitschen,
Wortwichserei das alles.
So ist es im Leben.
Fersengeld,
Vollgas.

So fast,
these Germans.
I want to visit
your Autobahn.

Goodbye Kalifornia

Von den Hügeln blicke ich
auf Los Angeles.
Lichtpunktlandung.
Hier gibt es Models.
Körperchemie.
Gierige Nacht.
Hinter mir der Mulholland Drive.
Naomi. Nur ein Kuss.
Ich gehe was trinken
mit River, Joaquin, Keanu.
Sterne. Wir reden, rauchen Gras.
Ozeane.
Erkenntniszäpfchen.
Die Quelle ist versiegt.
Raus in die Wüste im Taurus.
Ärmelflattern.

                Imperial Storm Trooper

                Das Fernglas sinkt
                vertrautem Kurs
                entgegen den Erwartungen
                an die Abwesenheit
                von Berechenbarkeiten,
                umgangssprachlich Freiheit.
                Seufzt einer erschöpft,
                setzt den weißen Helm
                wieder auf,
                mit Wolke und Blume
                an versteckter Stelle
                im Innern mit
                Edding gemalt.

Greyhound

Er kommt nicht. Gründe.
Waschraum, Rasur,
frisches Hemd, Scheitel.
Zurück, Taxi, Haus. TV.
Es ist Herbst.
Wecker, Dienst, voran,
ohne Unterlass, im Namen
und zum Wohle von.
Sand aus Hosenbeinen,
ein Finger löst sich,
dann der ganze Arm,
Jahr um Jahr, bis runter
zum Gedankenknochen.
Wie es gewesen wäre,
damals im Bus,
am Fenster.

4. Gefühle

(Raum für unerhörte Pläne oder Gedichte an Nastassja Filippowna)

Blue

twinkles your eye
with a sigh
must I
stay behind
I was blind
I admit
just a bit
since its late
its our fate
to debate
with our friends
make amends
story ends
but
the next occasion
will be an invasion
you'll meet the other me
he's just on time
you'll see

Der siebzigste Geburtstag

Am Ende der Tafel
ein runder Abend,
Kerzen ausseufzen,
Brot mit Soße,
Pellegrinoreste,
Parkplatzversprechen.
Kurse setzen,
Scheinbarwerferkegel,
rote Lichter, Augen,
kleiner werdend.
Selfie noch,
ein Rad dreht durch,
Ungesagtes auf dem
Gas, Grasgeruch
im windigen Sommerfenster,
stiller Nachtflug,
Gedankenanhänger
wie Dosen am Heck
zur Sufi-Hochzeit.

Das alles

Ich zeig dir mein Berlin,
ich zeig dir mein München.
Alles zigmal gehört seither.
Heute trage ich Trainingsanzug,
und es ist mir wurscht.
Carmen, weißt du?
Es interessiert mich nicht mehr.
Du mit deinen roten Wangen.

Bahnsteigmystik

Tageblätter wehen
mir um die Beine,
leis' Geschworenes
kitzelt noch,
wie warme Crêpes
auf Winterplatz
in Ziellosstadt
im Durchgangsleben.
Oh roter Punkt,
verdammt sei das Dunkel,
und mit ihm alle Kurven.

Doch nun, gestrafft,
ein Schmerzbonbon
zur Treppe,
zum Parkplatz,
zur Erdung.
Fortan darin
deine Lippen
ein kurzes
Zuhause.

Funktion

Schachbrett aus Marmor
mit Shuriken in Geheimfächern,
Leatherwoman-Multitool
mit Blümchenduft
in MacGyver-Situationen,
Docking-Station mit Updates
für meine Single-Core CPU,
Aston Martin mit Spezialknopfleiste,
Rambo-Messer in Sackgassen
auf Gefängnisinseln der Traurigkeit,
Trinity auf nächtlichen
Einbahnstraßen im Regen,
T800 auf der Flucht
vor mimetischen Polylegierungen,
Millennium Falcon
mit launischen Triebwerken.

Weißt du eigentlich,
was du für mich bist?

Das Warten

Ich beschritt Abwege
ohne Auftrag, fand dich
zwischen Blättern, schrieb
dich auf und ab.
Zwischen Klimaanlagen,
über Luftschächten,
an Autobahnen rauscht
deines Meeres stummer Ruf
mir ins Genick,
Gedankenfahrt im Tunnellicht,
dein Winken weist dich aus,
mich ein. Bald
kommt der Morgen,
kommt das Leuchten,
kommt ein graues Nieseln,
kommt Gelassenheit.
Ein Tanz im Regen.

Kölner Norden
(oder »Fast berühmt«)

An meiner Fahrradampel Maria,
Pappkaffee auf Kioskplastik,
täglich um halb fünf,
das graue Haar
drei Zigaretten lang,
ein Gurkensandwichritual.
Träumen von früher,
dem Apfelbaumgarten,
im besseren Viertel ohne Autobass,
Marmeladekochen
mit alten Seelen.
Heute komme nur ich
dann und wann vorbei,
auf einen Farbwechsel.

Im Verborgenen

Durchzogen von leidvollen Fasern,
erhoben auf gespitzte Füße,
erhaben über alle Trägheit,
platziert dein Wille jeden Schritt.

Deine Streckung zitiert die Sehne
auf dem Bogen des Meisters,
dein Sprung vollendet
den Gedanken des Schöpfers,
deine Landung ehrt
die Feder des Komponisten.

Die Tränen der Kriegerin
wie die Angst der Mutter
wie die zahllosen Stunden im Dunkel
wie deine bebende Bauchdecke
wie die Füße des gleitenden Schwans
bleiben unsichtbar.

Natürlich sehen wir uns wieder

Du schiebst eine Wolke
vor die Sonne,
damit ich im Schatten sitze.
Als gestern der Schmetterling
auf meinem Bein gelandet ist,
an der Stelle,
wo früher deine Hand lag,
da dachte ich,
das wärst du.
Dann hat der Wind
mir deine Worte zugeflüstert
und eine Welle über
das Rietgras geschoben.
Das sah schön aus.
Als ich antworten wollte,
kam jemand und
hat dich wohl verschreckt.
Lass uns bald wieder
miteinander sprechen.

Sprachkurs

Lila der Abend über Aix,
Mädchen aus Holland vorne,
Essen, Tanz, Hotel, die Sterne,
Gemurmel unten auf dem Rasen
Rastlose im Garten,
am Tenniscourt, beim Pool.
Notebookleuchten hinten,
es brodelt beim Zikadenbaum,
treibt den Cursor voran,
von links nach rechts,
weinendes Mädchen,
stumme Arialträne wird
Times New, bis ein anderer
Esel hier sitzt und sich
mit Wein berauscht.

Timing

Ich traf dich
in den Schuhen
meines Vaters.
Als wir schneller liefen,
verlor ich sie.
Plötzlich warst du
zu groß für mich.
Nun besitze ich
eigene Schuhe
am anderen Ende
der Welt. Wer weiß,
ob wir heute
auf Augenhöhe wären.
Erleichtert laufe ich
langsam schneller,
denn es ist mir
endlich egal.

Gartenfest II

Seelampions plätschern
lauen Abendzungen schwere Lider.
Bewegte Boote treiben Proviant
auf hungrigen Seelen.
Kosendes Wort am sturmfreien Ufer
deckt den hölzernen Vorstoß.
Sterngesprenkeltes Flüstern neigt sich
vor vergessener Trennung.
Lauernde Gewissheiten verschwimmen
beim Einfluss deiner Hand.

Besorgungen

Du fährst mir
vor den Einkaufswagen,
auf den Parkplatz,
in die Lenden.
Du gehst vor mir
durch die gehaltene Tür,
stehst auf meinem Fuß
mit Funktionslächeln 17b
und bietest mein Herz
zum Tausch gegen Zigaretten.
Ich geh dir welche kaufen,
sage ich und lasse
den Hausschlüssel liegen.

Novembersonne

Kalter Stadtmorgen
und die Linie 9
härten Gedankenasphalt,
Husten im Tunnel wechselt
Brötchenduft wechselt
Abwasser wechselt
Parfum zur Wiese,
einst in ferner Zukunft,
in Spanien, der Fleck
auf deinem Hemd, Sonne
auf dem Schlafschenkellaken,
Rotweinfrühstück der
Nachtwandler.

Das Paar

Weißwasser zu Tal,
rundet manchen Stein,
braust auf, fällt hinab,
luftige Sekunden noch
bis zum Treffpunkt.

Die Ebene durchquert
gelassen der Strom,
eine Gedankenlibelle
bespielt schwebend
seine Ufer.
Lachende Turbulenz
wirbelt durch die Tür.
Erzähl' mir von den Feldern,
ich berichte aus den Bergen.

Wie war dein Tag?

Deplatziert

Wo mein Bein war,
steht meine Hand.
Mein Fuß liegt
an meiner Seite
und mein Bizeps
müht sich
mit meinem
Blutkreislauf ab.
Nichts ist mehr
in Ordnung,
seitdem
du weg bist.

Lager

Schwere Schlaflider
decken Traumglanz,
Geräusche verlieren,
Geschäftigkeiten
verlaufen sich.
Dem Tag ist nichts
mehr abzuringen,
Freund Tod übt sich
im Schlaf, wir sinken.
Welch süßes Erwachen
an deiner Seite.

Oktoberfestballade
(für Sabine Heinrich)

Sie aus dem Reich
an Möglichkeiten
glaubt nicht an Für Immer,
blinzelt ihren Kuss, süße
Vorläufigkeit vor
Samtbevorhang, dunkelrot, zur
Schwere, Los der Traurigkeit,
Unverhofftes träfe, ein
Atmen, Stille, ein
gespanntes Sehnen.
Beschützt schließt sie
den Bogen, ein Spiel.
Bunte Zukunft, nur ein Duft
noch präsent, ein Hauch
törichter Wunsch,
der um sich wusste,
vom ersten Blick
Vergangenheit.

Auf Rot

Wenn denn dann ja wann denn und was dann mein Gott und wann endlich? Da läufst du und siehst aus und schreitest aus und ich rufe aus in Gedanken. Nichts hält mich hier gehe ich nicht erst los sondern bleibe da und zurück. Schon hat dein Kopf die Frisur weggeschafft und das liebliche Gesicht. Schon ist die Straße überquert, deine kurzen Haare abtransportiert. Schon verblasst der Eindruck, als das Telefon klingelt. Schwer wendet sich, wer erst gebettet ist. Schallend lacht der Ungehemmte. Sinnend sitzt der Eingekehrte. Das Leben ist kurz oder lang. Pathos-Zigaretten. Dieser Moment. Jetzt dieser. Nur das. Noch.

Im Fahrstuhl
(für Mar)

Unvermittelt sind sie allein.
Der Flamingo meidet
den dunklen Blick.
Unter unerhörten Farben
bebt das zarte Fleisch.
Der Wolf harrt aus,
spürt unstillbaren Appetit,
eine alte Phantasie.
Unvermittelt trennt sie das Klingeln.

Die Wölfin beißt zu mit der Kraft,
die ihn zieht, wenn er verletzt ist.
Sie hält Schritt in der Tundra.
Sie erduldet seine Wüste,
in der ein Flamingo verbrennt.
Sie blicken zu den Vögeln auf
und laufen Seite an Seite.

5. Schwarzweisheiten

(Raum für umstürzlerische Gedanken)

Beginn laut schleichend

Vernagelte Nachbarn
neben Münzrasselparadies,
nach Emmas Ordnung
wird Platte gemacht.
Verirrter Kinderwagen
neben Bruchflasche,
Wachschutzkleinwagen
vor Bröselfassade
mit Ascheblumentopf
aus Waschbeton. Trist
sei der Herbst,
was Zweibeinern gefiel.
Gestürzte Senioren
bleiben liegen, wir
finden sie am Rand,
wo ein Blümchen
erst sie, dann
uns dann sich
durchbohrt.

Freundeswort

Greift mich an,
wühlt mich auf,
macht mich rasend,
lässt mich wünschen,
dass es ihm im Halse
steckenbleibt,
er daran ersticke,
der verdammte Hund,
der mich nicht in Frieden
untergehen lässt.

Vorschlag-Hammer

Kauf einen Monat nichts,
nur Benzin für den Defender,
alles mechanisch, und Essen.
Lass sie smilen und beweisen,
im TV, du hörst nicht zu,
füllst die Spielplätze, stiftest Zwietracht
bei den X-Men, lockst sie mit Alice
aus dem Wunderland
in einen Hinterhalt,
folterst sie mit Rilke, lässt sie
Menschenseele bluten,
erinnerst dich an den Urlaub,
den die Playstation ruinierte,
an Gespräche mit deinen Eltern.
Du lässt die Zentralen von
EA und Ubisoft
in Flammen aufgehen,
über das Dach kamst du herein.
Schweißt vorher nicht die Türen zu,
du bist zu groß, so groß!
Du tanzt zur Musik aus
akustischen Instrumenten,
deren Spiel zu lernen jemand sich
jahrelang bemühen musste.
Du bist langsam, ängstlich, feige,
ein Mensch, der grübelt.
Ruf niemanden an, poste nichts,
triff sie in verrauchten Kneipen,
sauf und stinke danach.
Und lies Bukowski,
du besoffenes Arschloch!

Alexandria im Call-Shop, Westbahnhof

Man sieht weiß hört so Vieles von der Welt dem Leben an der nächsten Ecke achten wir auf befürchten und erhoffen während wir zu Recht verbrauchen und genießen und vergessen den Hass der nichts kostet aber nicht uns nährt sondern nur sich selbst lieben ist der Anfang und sofort der schwarze Gürtel ist die schwerste Prüfung aber ICH ist keine Lösung also wo steckt das verdammte Ding fragt sich Hermann nicht sondern sucht nach Pfandflaschen braucht er für Essen drei Groschen reichen nicht Brecht rettet den Regenwald wer kümmert sich um Hermann der dir die Bude ausräumt wenn er Gelegenheit hat keine Angst vor dem Klima das ist ihm und er uns egal schwant mir zwischen gut und böse immer nie niemals gar nicht schwarzweiß sagt der Kopf und der Bauch soll das Maul halten auch wenn der ältere Rechte hat das Reptil schon immer gewusst oder Hawking der arme Teufel der es nur schwerer macht abzureisen mit all dem Verständnis sollten wir erstmal einen trinken sollten wir gleichfalls maßvoll sagt Siddharta wissen wir. Küssen ist auf jeden Fall praktisch immer gut und macht nicht dick auftragen macht aber nicht glücklich.

Alle Kraft

In Schichten noch unter dem Morast
liegt dieser Beginn, und hebt doch an,
greift dennoch aus, bohrt sich doch durch,
windet sich heraus, schafft sich Bahn,
steigt auf, allem zum Trotz, zur Blüte,
zur Reife, zum Triumph, dem freien Blick
auf den Ursprung, alles klärend, alles ebnend,
rückwirkend durch elende Zeit auf den Beginn,
der sich selbst erkennt, aufgeregt vibrierend.

Stiller Schüler der Berge

Traumwandeln die Tage auf Übergangspfaden,
Sonnenpfeil durch mattes Laub am See Sils,
Einer wie ich am Ufer schaut wortlos hinaus,
sagt, wie es mir geht, ein Versuch über mich.
Eitelkeit gibt Talent gibt dem Zweifel was
in die Hand? Kinderlachen. Wo habe ich
das zuletzt gehört, fragt ein munterer Greis.

Soldier 2
(für »Nirbhaya«, Jyoti Singh Pandey)

Kein Zweifel auf Seiten der Straße
bei deinem festen Schritt.
Belangloses Zeug in der Tasche
und der aufgewühlten Seele.
Mit entsichertem Kopf
marschierst du durch die Nacht
Dämonen entgegen,
beschleunigend,
die Waffenhand vor.
Manchmal ist mit dir
gut Kirschen essen,
weiß deine Zukunft.
Hol Sie dir,
Mädchen.

Camping

Die Krise X befällt
ein Haus aus Stein,
fegt sodann mein Zelt hinweg
und vermiest sich.
Ich gehe suchen,
schlage Pflöcke ein,
spanne meine Pläne
und beginne erneut.
Hinten steht einer
zwischen Steinen
und jammert.
Klug schwärme ich
von der Leichtigkeit
und beneide ihn doch.

Chancenskipper

Wie gerne ginge ich dort rüber,
um mich beurteilen zu lassen.
Jeder nur ein Kreuz
auf dem Weg zur Musterung.
So gehe ich nicht,
und keinem ins Netzwerk.
Hier kann ich laut rufen
und schräg singen,
niemand fühlt sich gestört.
Windstille.

Der Honigcaptain

Gegenüber dem Foto
versöhnliches Müssen
da staunt der Rebell,
er macht was er will.

Die freie Brust atmet
lustvollen Teufel,
Quadrate begrenzt
an vier Seiten
der Zweifel.

Ohne Gepäck

Gegengelichter bestürmt die Ängstlichen,
Morgen kühlt übernächtigte Gemüter,
warme Hand reicht stilles Wasser,
klarer Kopf versteht im Weg
zum Mittag. Überschrittene Verfallsdaten
auf Standardantworten,
Laub schimmert Schattengefängnis,
doch dessen Streben
sind entweicht. Brot,
ein Taschentuch, eine Kerze,
ein Stück altmodische Musik,
das bleibt.
Geborgene Ecken
und fraglose Winkel
sind nun leer.

Irgendwo in der Milchstraße

Als sie doch nicht
alle Wunden heilte,
war ich zunächst
unversöhnlich.
Dann zimmerte ich
aus der Zeit einen Zaun
um die Löcher,
die immer da sein werden.
Jetzt trage ich auch
wieder eine Uhr.

Airportfreizeit

An reißenden Jacken
die Rolltreppe rauf ins Leben,
rückblickend abschweifen,
Reisende beneiden,
und Café.
Außerhalb von Terminen
die Freiheit besingen,
Bedeutungslosigkeit übertönen,
nach Hause fahren und
Flugzeuge hören,
die Ziele haben.

Reichtum

Zwischen Vielfalt
und Beliebigkeit
steht der Mensch,
wirft seine Zeit
in diesen und jenen Hut,
bis der Regen kommt
und er selbst nichts
aufzusetzen weiß,
als ein kluges Gesicht.

Der Trainer

Das sagt sich so leicht,
niemals aufgeben.
Das hört sich so schwer,
mit wunden Händen
und Knien.
Wenn es doch gut ist,
du alles getan hast.
Aber du kannst
das hier noch lesen?
Gib niemals auf!

Trojanisches Pferd

Was die Alten wissen,
was die Freunde,
was die Ratgeber,
was zu erklären sei,
was nur zu erfahren,
was zu unterlassen,
was keinesfalls zu verpassen,
was zu erkennen,
wovor wegzurennen.
All das wiegt schwer
auf junger Seele.
Erlaubt sei, eine Weile
zu irren. Natürlich ist,
sich selbst zu verwirren.
Wenn du dich triffst,
freundet euch an.
Dann wirst du auch
für die anderen
gut sichtbar.

Momo 2

Hektiker aus Hochhaushallen,
spielen ihre Rolle, rollen
mit Rollkoffern gen Rolltreppen
hinab und hinauf, zu Rollfeldern.
Keine Stunde kommt davon,
die Minuten sind gezählt.
Ahnungslose Sekunden
sind schon anvisiert.

Richtung

Du da
auf dem Wagen
deines Lebens
auf Rollen
zwischen zwei
Schildkröten
im Geschirr:
Fütterst du
die weiße oder
die schwarze?

Trotzige Familie

Der Vater liegt
im Krankenhaus,
er sieht rosig aus.
Aber das ist der Blutdruck.

Liebes Schicksal,
Du hast dich verirrt.
Fick dich ins Knie,
hier bist du nicht willkommen.

Kurzgeschichte 2013

Nachbar rauchte,
Mann schoss.
Freispruch.

Ruhm

Ach ja,
seufzte das Denkmal,
als die schrägen Vögel
erleichtert wieder abflogen.
Wenn ich das gewusst hätte,
wäre ich auch anonym geblieben.

Der Bambusturm

Kluger Kopf
das Herz vereist,
dort oben greift dich
nichts mehr an.
Wir blicken hoch,
das ist kein Haus
wie du aus Stein.
Dir macht nur einer
noch was vor,
ihn hast du
nicht entlarvt.

Baumschule

Geh weg, bleib flexibel,
leg dich nicht fest.
Keine Wurzeln schlagen.
Aber dann vergiss auch
die Krone.

Im Dienst

Ich halte du meine Hand,
mehr ist es nicht weniger.
Zwischen dann und jetzt
irgendwo es oder ich,
der Affe vor dem Spiegel.
Wind über der Wüste,
Tochter an der Flasche
im Schein der roten Lampe.
Der Tag, die Nacht,
Frühling und Herbst,
im Wald und am Meer.
Stilles Ende.

Inhalt:

Abheben	23
Abwägungen	7
Airportfreizeit	64
Alexandria im Call-Shop	59
Alle Kraft	60
Alter Vertriebshase	21
Am Morgen	9
Among the stars	34
Auf Rot	53
Ausgleich	21
Bahnsteigmystik	41
Baumschule	68
Beginn laut schleichend	57
Besorgungen	49
Blue	39
Brotjob Generali	16
Camping	61
C-Dur Präludium	9
Chancenskipper	62
Cubicle	22
Das alles	41
Das Paar	50
Das Unternehmen	28
Das Warten	43
Deplatziert	51
Der Bambusturm	68
Der Honigcaptain	62
Der Kaiser von China	10
Der siebzigste Geburtstag	40
Der Trainer	65
Dichterduell	12
Dichterneid	10
Empire	18
Exotischer Nager	11
Florida, Motel 6	33
Fool on the hill	12
Freundeswort	57
Funktion	42
Fusion	25
Gartenfest II	48
Geplant	26
Gericht	12
Goodbye Kalifornia	35
Greyhound	36

Im Dienst	69
Im Fahrstuhl	54
Im Foyer des Asbestturms	14
Im Verborgenen	45
Imperial Storm Trooper	35
Industriespion	26
Innere Urnruhe	16
Irgendwo in der Milchstraße	63
Kein Foto	13
Klare Sicht	17
Kleiner Fisch	27
Kölner Norden	44
Kurzgeschichte 2013	67
Lager	51
Laterne	17
Leichter Kreis	7
Manöver	13
Momo 2	66
Natürlich sehen wir uns wieder	46
Novembersonne	49
Ohne Gepäck	63
Ohne Klinke	29
Oktoberfestballade	52
Palmbeach 2000	22
Pendel	13
Reichtum	64
Richtung	66
Rodeo Drive	33
Rödinghausen-Bruchmühlen,	24
Ruhm	67
Senator	24
Soldier 2	61
Sommerabend, natürlich	11
Sprachkurs	47
Stiller Schüler der Berge	60
Timing	47
Trojanisches Pferd	65
Trotzige Familie	67
Unter der Pappelfeige	15
Verbandstreffen	23
Vernissage	8
Vorschlag-Hammer	58
Wanderarbeiter	27
Was die anderen sagen	30
Wischdenken	14
Zeitarbeit	25

Kritische Stimmen[*]

»Oszilliert son bisschen zwischen Oldskool rhymin' und Scheiße.«

»Checkt mal meinen Kanal aus: Candy23, Fashion & Lifestyle!«

»Sad. So sad. Doesn't know what he's doing. Highly overrated.«

»Selbst veröffentlicht was soll man da biteschön erwarten.«

»Ich wüsste gern, was Helmut Schmidt dazu gesagt hätte.«

»Vielleicht hätte er in ein Corektorad investieren sollen.«

»Und? Bin ich jetzt irgendwie schlauer oder was??!?«

»Ich glaube, das ist so ein Besserwisser-Arschloch.[*]«

»Selbstbespiegelungsschrott. Einfach überflüssig.«

»Ein schmaler Band. Ein sehr schmaler Band.«

»Erschreckend. Einfach nur erschreckend.«

»Hat der Verlag das überhaupt gelesen?«

»Schade um das Geld. Was für ein Idiot!«

»Die Scheiße reimt sich ja gar nicht!!«

»Hält der sich für Göte oder so was?«

»Na ja. Aber... nee. Irgendwie... nee.«

»Augen auf beim Bücherkauf!«

»Ich dachte das wäre lustig.«

»Mein Gott, so ein Stuss!«

»Soll das Kunst sein?«

»Phrasendrescher.«

»Mir ist schlecht.«

[*]teilweise frei antizipiert nach dem Studium von Facebook, Twitter, YouTube etc.

»Jetzt kommt nichts mehr, ihr könnt also abschalten«

Peter Lustig